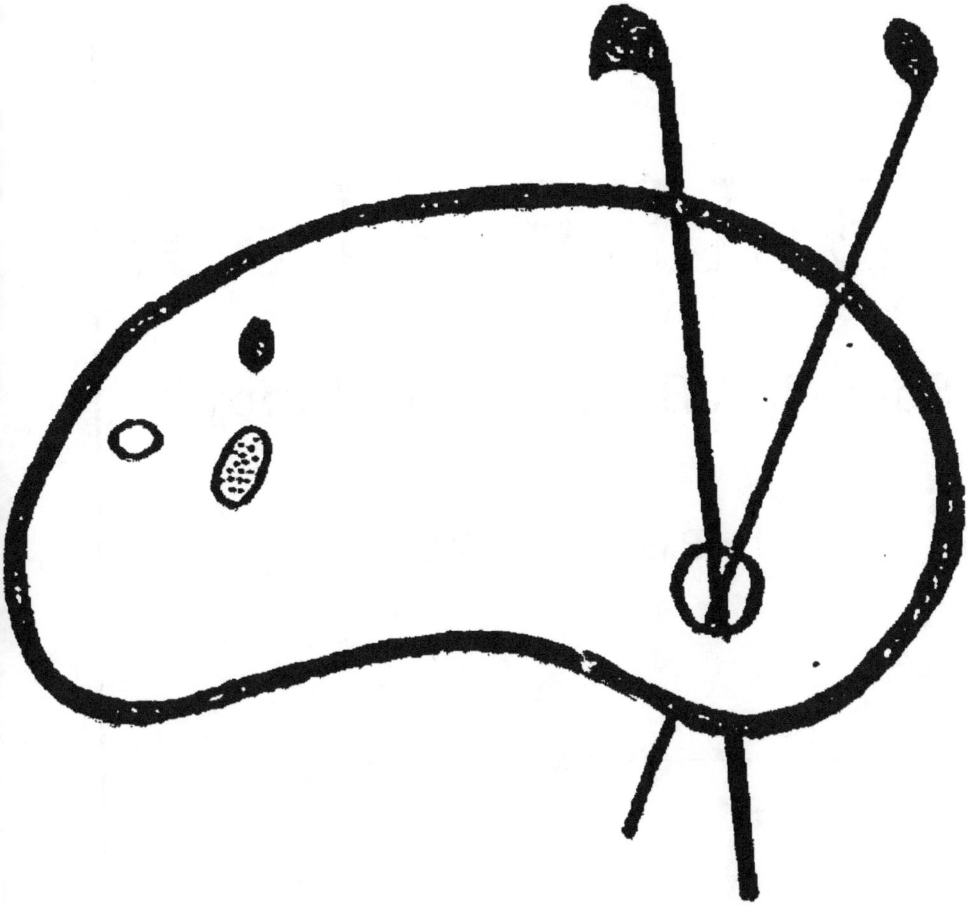

DEBUT D'UNE SERIE DE DOCUMENTS
EN COULEUR

LES RESTES

DU

TÉMÉRAIRE

Sont-ils à Bruges ou à Nancy?

Par G. SAVE

NANCY

IMPRIMERIE ADMINISTRATIVE A. VOIRIN ET L. KREIS

51, Rue Saint-Georges, 51

1894

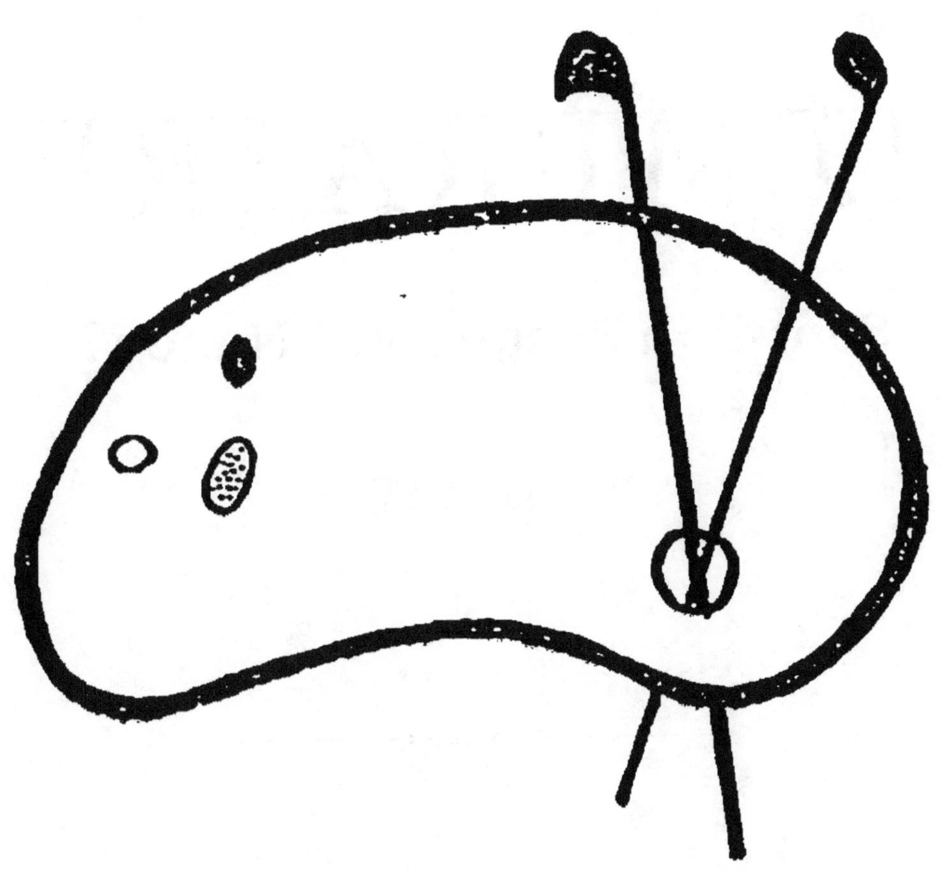

FIN D'UNE SERIE DE DOCUMENTS

LES RESTES

DU

TÉMÉRAIRE

Sont-ils à Bruges ou à Nancy?

Par G. SAVE

NANCY

IMPRIMERIE ADMINISTRATIVE A. VOIRIN ET L. KREIS

51, Rue Saint-Georges, 51

1894

LES RESTES DU TÉMÉRAIRE

Sont-ils à Bruges ou à Nancy

Ma triste fin du duc de Bourgogne restera gravée dans des
tableaux d'une impression vraiment puissante. D'abord
celui de Delacroix: dans la mêlée des lances et des pennons,
le prince magnifique et chevaleresque succombe sous les
terribles coups du sourd châtelain de Saint-Dié; lion blessé,
il combat avec furie jusqu'à la mort.

Puis, sous le froid linceul de neige, bossué d'amas de
corps, son cadavre nu est abandonné, la tête prise dans les
glaces du ruisseau, livide, souillé de boue et de sang,
méconnaissable, la cuisse hachée et le fondement détripé
par de furieux coups de hallebarde, le crâne fendu jusqu'aux
dents, la face dévorée par les loups. Ce hideux débris
humain, c'était la fleur de la chevalerie française, le descen-
dant de Philippe le Bon, de Jean sans Peur, de Philippe le
Hardi et de la noble lignée royale de France.

Le voici maintenant couché sur un catafalque de velours
noir, dans la salle de l'hôtel de George Marques, entre
quatre torches ardentes, vêtu de satin cramoisi et, sur sa
tête horrible, la couronne ducale de Lorraine toute étincel-
lante de pierreries, celle qu'il convoitait et que la mort lui
prête un instant. Près de lui, tenant la main du cadavre
dans les siennes, René II le contemple en pleurant, vêtu
d'une longue robe de velours noir sur laquelle descend

jusqu'à la ceinture, à la mode des preux, une barbe postiche de fils d'or frisés, et sur ses longues moustaches d'or tombent des « larmes infinies », dit Jean d'Aucy. Et il parle au mort : « Chier cousin, vos âmes ayt Dieu,... nous avez faict « moult maux et douleurs. Beau cousin, à la mienne volonté « que votre malheur et le mien ne vous eût réduit ici en « cet état... »

De magnifiques funérailles conduisent le corps dans l'insigne Collégiale de Saint-Georges, où il est inhumé au milieu des vieux ducs de Lorraine, et l'habile *ymaigier* Jehan Crocque élève sur la tombe du duc un monument sur lequel il repose étendu, les mains jointes, mais sans heaume ni cuirasse, pour marquer sa défaite et, cruelle injure, les pieds appuyés non sur le lion mort auquel a droit tout chevalier, mais sur un chien, comme pour les effigies de dames.

Charles-Quint réclama, en 1550, les restes de son ayeul à la régente de Lorraine, Christine de Danemark, arrière petite fille du Téméraire, et le roi d'armes, Toison d'or, se présenta le 22 septembre à l'église Saint-Georges, au nom de l'empereur, procéda aux fouilles, releva les ossements qu'on lui désigna comme étant ceux du duc Charles et les escorta à Luxembourg d'où ils furent conduits à Bruges où ils reposent encore aujourd'hui dans l'église de Notre-Dame, sous un cénotaphe grandiose.

M. de Linas a publié, en 1865, dans les *Mémoires de la Société d'Archéologie lorraine* (T. V. p. 36), le procès-verbal de ces fouilles et de la découverte des ossements, écrit de la main du roi d'armes, Antoine de Beaulaincourt, dit Toison d'or, et approuvé par les commissaires nommés par la régente, témoins assistant à ces fouilles ; mais, quand on compare les détails donnés par cette pièce authentique avec ce que nous savons de la sépulture par les historiens lorrains, il est permis de douter que les os du Téméraire reposent à Bruges.

Tous les chroniqueurs anciens disent que le duc fut inhumé dans la chapelle Saint-Sébastien, ou des Orgues, qui occupait le transept nord de la Collégiale. « Sa sépulture, « dit Toison d'or, est magnifiquement érigée contre et en « la muraille de ladite église, *au bout* de la croisée d'icelle « qui se prend au mitant dudit chœur, au desseure (dessus) « desdites formes (stalles) et ce du lez (côté) auquel se « chante l'Evangile, auprès de laquelle sépulture il y a un « certain autel dédié au nom de Dieu et de sainct Sébas- « tien. » Le tombeau était donc appuyé contre le mur du nord et l'autel se trouvait contre le mur de l'est.

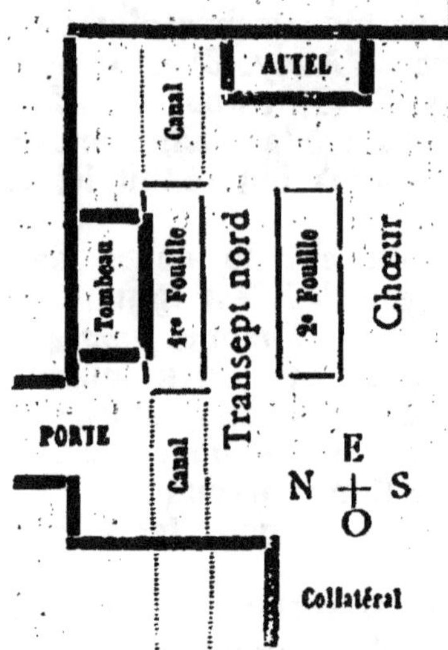

Le corps est inhumé directement sous le cénotaphe et non à côté. Dans le contrat signé avec le sculpteur Crocque, publié par H. Lepage dans sa monographie de Saint-Georges, p. 200, il est dit qu'on fera le tombeau « *sur* feu Mgr de Bourgogne. » Dureste, l'inscription tumulaire était : « *Sous ce marbre* repose Charles, etc. » Et cependant, au lieu de rechercher les restes du duc *sous sa tombe*, Toison d'or fait fouiller à côté, sur le devant : « les maçons, dit-il, lèvent le pavé « *devant* la sépulture, un petit « peu plus bas vers certain huis « prochain de cette sépulture et « aussi avant qu'elle s'étendait en largeur, de trois ou quatre « pieds. Et ce fait, commencèrent à fouir au long et tout « auprès d'icelle jusqu'à profondeur d'un pied et demi. « Alors se montra un creux ou concavité prochaine à la « dite sépulture ou muraille, qui était revêtu de planches « de pierre. Et après que l'une d'elles fut pour partie levée « et rompue, obstant qu'elle était enclavée et maçonnée en « la muraille de l'église, lesdits ouvriers ayant torche ar-« dente, la mirent dans ledit creux qui était d'un pied et « demi de large ou environ, et quant à la longueur n'était « déterminée tant de l'un des côtés que l'autre, et par quoi « ce qui se démontrait clairement en tant que en un chacun « desdits côtés lesdits ouvriers lançaient ladite torche sans « trouver quelques obstacles ou rencontres, jugèrent que « c'était un conduit par lequel les eaux des fossés de ladite « ville, qui sont proches de cette église, avaient été menées « en ladite ville ».

Ainsi, devant le tombeau, à l'endroit où l'on croyait trouver le corps, on découvre un canal ou un égout. Croit-on que devant cet insuccès on va se décider à fouiller sous la tombe ? Au contraire, on s'en éloigne encore davantage, à deux mètres de distance, cette fois.

Toison d'or continue ainsi : « Et partant leur fut ordonné « de lever ledit pavement en plus ample largeur et jusques « environ six pieds correspondant à ladite sépulture, auquel « endroit il y avait certaines pierres de pavement esquelles « étaient aucunes croix bourguignonnes gravées ; l'une, qui

« était à l'endroit du chef de ladite représentation, plus grande
« que les autres, tirant vers ledit autel Saint Sébastien, et à
« l'endroit du corps et pieds d'icelle représentation. Puis
« fouirent en profondeur de trois pieds ou environ ; alors à
« l'endroit et côté dudit chef d'icelle représentation apparut
« quelqu'autre creux qui fut aucunement ouvert pour, avec
« cierges et torches, avoir inspection de ce qui y était. Alors
« apparut y avoir aucuns ossements et tenaient lesdits con-
« seillers que c'était ceux dudit feu Charles, en tant que ils
« et chacun d'eux avait toujours ouï maintenir, si qu'ils
« déclarèrent qu'il avait été sépulturé audit endroit et que
« aucuns pèlerins avaient précédemment fait les dessus dites
« croix ».

Les trois conseillers de Lorraine, présents à cette fouille,
le sénéchal Pierre du Châtelet, le bailli de Vaudémont, et
Jean Billequel, prévôt de Saint-Georges, n'étaient pas si
certains que cela de l'emplacement de la sépulture, puisqu'ils avaient désigné d'abord un point situé à deux mètres
au nord de celle-ci. S'ils ont toujours entendu assurer que
le duc reposait sous les carrelages marqués de croix de
Bourgogne, pourquoi ont-ils fait fouiller d'abord à deux
mètres de ces croix ? Que signifie alors l'inscription du
tombeau : *Sous ce marbre repose.....* quand c'est à six pieds
de là qu'est le corps ? Et comment expliquer ces croix qui
auraient été gravées par des pèlerins, c'est-à-dire des étran-
gers, connaissant mieux que le prévôt de la Collégiale l'emplacement de la sépulture ? Enfin comment admettre que
sur le corps du duc on n'ait pas placé une grande dalle au
lieu de simples « pierres de pavement », et un nom ou des
armoiries, au lieu de ces croix de Saint-André ? Nous allons
voir du reste comment on peut les expliquer.

« Même ledit sieur prévôt (continue Toison d'or) qui
« démontrait être âgé de 72 ans et plus, auparavant de
« commencer quelque fouille, me déclara sur ce qu'il
« n'était venu à sa connaissance que audit côté et endroit y
« eût eu aucun autre enterré. Et il avait toujours illec résidé,
« mêmement depuis sa promotion et auparavant souvent
« hanté et conversé ; et aussi qu'il n'était usé, ni accoutumé
« de, aux lieux de sepultures des princes, ni auprès d'icelles,
« enterrer autres qui ne seraient de leur sang. »

Le prévôt de Saint-Georges est ici mal renseigné, car
justement un des capitaines du Téméraire fut enterré
auprès de lui.

Symphorien Champier écrit en 1505 dans le *Recueil des
histoires d'Austrasie...* p, 337 : « Rubembré, seigneur de
« Bièvres, fut inhumé près de son maître. » La *Chronique*

de Lorraine dit aussi : « Le sieur de Bièvre auprès du duc
« Jean fut enterré. » Or H. Lepage a publié dans l'*Insigne
église...* p. xxv, une requête de 1540 qui prouve que le
duc Jean fonda l'autel de la chapelle des Orgues ou de
Saint-Sébastien, près duquel il fut enterré, et cet autel, nous
l'avons vu, est auprès de la sépulture du Téméraire. Jean
d'Aucy écrit en 1555, dans son manuscrit *Epitome des ges-
tes des 63 ducs de Lorraine...* (Bibl. de Nancy) p. 355 : « le
« corps (de Charles) fut posé assez près du corps des sei-
« gneurs de Bièvre et Reubampierre... ». Nicolas Remy,
dans son *Discours des choses advenues en Lorraine...* 1605,
prend aussi de Bièvre de Rubempré pour deux personnages
distincts et dit : « Le même office de piété rendit le duc
« René au seigneur de Bièvre son parent, duquel il ordonna
« la sépulture être faite auprès de celle du duc Jean, son
« oncle, et l'accompagna de celle du Seigneur de Rubempré,
« lesquels avaient été trouvés tous deux gisant et étendus
« auprès du duc de Bourgogne, leur maître. »
   Il est donc très probable que la sépulture marquée de
croix de Bourgogne, située à deux mètres du tombeau du
Téméraire et auprès de celui du duc Jean, près de l'autel
Saint-Sébastien, était celle de Rubempré.
   Le procès-verbal de Toison d'or continue ainsi : « Les
« ossements furent levés respectueusement et mis en un
« linceul. Les petits os avaient disparu, étant pourris par la
« grande humidité du canal voisin qui n'était même pas
« maçonné. Et n'étaient ces ossements enclos de cercueil
« trop bien ; on n'en trouva que quelques petites pièces de
« bois pourri, la plus grande en largeur de deux mains, qui
« démontraient être de bois de sapin et de l'épaisseur d'un
« pouce environ. Et se démontra aussi la pourriture de la
« planche ou *selle* (*essaile, essain,* volige mince) du
« dessous ou fond dudit cercueil, sur laquelle les dits osse-
« ments furent trouvés reposant, laquelle pourriture de
« planche, moi, Toison d'or, fis entièrement lever et jeter
« hors jusqu'à la vive argile, pour savoir si audessous d'elle
« n'avait été mise quelque lame de plomb où il y eût
« quelqu'écriture ou gravure, ce qui ne fut trouvé. »
   Ainsi le corps du duc de Bourgogne, inhumé avec tant de
magnificence (*en moult grant triumphe,* dit Champier) par
René II qui, ajoute cet auteur, « y employa du sien bien
largement », aurait été simplement enseveli dans un cercueil
de bois blanc, en voliges de sapin, posé à même sur le sol
de vive argile, sans maçonnerie, sans cercueil de plomb,
sans aucune marque distinctive, ni date, ni inscription, sans
une dalle mortuaire ! Les écrivains lorrains démentent ce

fait, au moins en ce qui concerne le cercueil de plomb. Jean d'Aucy dit, p. 355 : « en cet état resta jusqu'au samedi « qu'il fut mis en bois *et plomb.* » Nicolas Remy écrit, p. 135 : « ... il fut embaumé et *mis en plomb.* » Dom Calmet écrit dans son *Histoire de Lorraine* (1728, t. 11, p. 1074): « On l'embauma et on le mit dans un *cercueil de plomb* « renfermé en outre dans un autre de bois. » Comme Toison d'or ne trouva pas trace de plomb dans cette sépulture, c'est qu'elle n'était pas celle du duc.

Dans la *Pièce justificative* n° 7 publiée par M. de Linas, on trouve un article des dépenses, pour le transport des restes du duc, ainsi conçu : « Item, coust du plomb pour « mettre le corps dudit feu *sachant qu'il n'y serait* et le très « noble plaisir de Sa Majesté fut de l'y mettre. » M. de Linas en conclut qu'avant de faire les fouilles on savait déjà qu'il n'y avait pas de cercueil de plomb dans la tombe de Saint-Georges. Mais cette dépense, classée avec celles du voyage à Luxembourg et à Bruges, montre seulement que Charles-Quint, sachant que Toison d'or avait enfermé les restes de son ayeul dans un simple cercueil de bois, voulut leur donner une enveloppe plus durable avant de les déposer dans le sol de l'église de Bruges.

De plus nous avons un témoignage certain constatant que le corps du Téméraire avait été déposé non en pleine terre, « sur la vive argile », mais dans un caveau qui était même éclairé par une fenêtre. C'est un article du compte des travaux exécutés par Joseph Duc, entrepreneur de maçonnerie à Nancy, lors de la démolition du chœur et des transepts de Saint-Georges, en juin 1717. (*Arch. de la Meurthe*. G. 1626). L'article 32 de ce mémoire est ainsi conçu : « Plus : « avoir fourni le mortier pour poser le tombeau qui est posé « au derrière des stalles, avoir démaçonné *la fenêtre du* « *caveau du duc de Bourgogne*, avoir fait des entailles aux « jambages et appuis pour avoir les barreaux ». L'*Inventaire* des Archives résume ainsi cet article : « Réparations « à la porte du caveau du duc de Bourgogne »; mais on voit qu'il s'agit de la fenêtre et non de réparations, puisqu'on en arrache les barreaux avant de démolir les murs du caveau. Aucun autre document ne vient nous apprendre quelle était la situation exacte de ce caveau ; mais rien ne s'opposerait à le croire placé directement sous le tombeau et sous le mur septentrional du transept, dans lequel mur la fenêtre aurait été percée, puis maçonnée plus tard, quand on construisit le petit bâtiment du Trésor adossé à ce mur. Inutile de dire que le caveau ne pouvait être situé au milieu du transept, là où l'on déterra les ossements, car sa fenêtre n'aurait eu alors aucune raison d'être. Du reste on voit, dans le procès-verbal, qu'il n'y avait aucune trace de caveau, ni même de maçonnerie en cet endroit. Toison d'or précise assez en disant : « Les petits os avaient disparu, étant pourris par la « grande humidité du canal voisin qui n'était même pas maçonné » et plus loin : « laquelle pourriture de planche (du cercueil) fit entièrement lever et jeter hors jusqu'à la vive argile... » Donc les ossements découverts en cet endroit où il n'y avait point de caveau, n'étaient pas ceux du duc.

En suivant le procès-verbal, nous trouvons un examen du crâne. Voyons d'abord ce que disent les historiens lorrains de la blessure à la tête qui acheva le Téméraire. Champier, Jean d'Aucy et, d'après eux, Benoît Picard et Dom Calmet, disent qu'il eut « la tête fendue depuis l'oreille « jusqu'à la machoire, » ou « jusqu'aux dents ». On ne s'explique guère comment le crâne peut être *fendu* entre ces deux parties qui se touchent presque. Mais Remy dit, p. 127 : « Ce dernier coup lui ouvrit la tête jusques aux « dents. »

Roland, dans *la Guerre de René II...*, imprimée en 1742, mais composée en partie sur un manuscrit de l'époque, aujourd'hui perdu et que l'auteur attribue à Faret, écrit, p. 224 : « Il lui donne un troisième coup sur la tête et la « lui fend jusqu'à la machoire. » Dom Hugo, dans son *Traité historique et critique...* (1711) dit, p. 197 : «... et à « coups redoublés, il lui fendit la tête jusqu'à la machoire.» Nous allons voir ce qu'il reste de cette fracture en 1550, sur le crâne du duc, d'après le procès-verbal. On verra d'abord que la tradition de ce terrible coup s'était transmise jusqu'à cette époque.

« Et pour ce que l'on maintenait ledit feu duc Charles « avoir reçu aucuns grands coups en la tête et dont il serait « mort sur le champ, icelui seigneur de Chalcédoine « (l'évêque de Cambrai, commissaire de Charles-Quint), en « ma présence, visita les ossements de la dite tête, lesquels « furent trouvés *entiers*, sauf que, et sur la partie du « devant du teelz (crâne) ou creunion, de l'un des côtés, y « avait certaine petite fissure sans quelqu'effaulissement « (enfoncement) et de l'autre lez (côté), aussi sur le devant, « apparaissait y avoir certaine petite ébaeure (bavure), sans « bonnement pouvoir être jugé si c'était procédé de bles- « sure ou par pourriture dudit teelz audit endroit. » Ainsi l'ouverture du crâne jusqu'aux dents se réduit maintenant à deux petites fissures ou bavures sans pénétration.

Les grands os des bras et jambes sont entiers dans le squelette, malgré les autres blessures qu'avait reçues le duc.

Mais une marque d'identité importante, la dentition particulière du Téméraire, doit être étudiée, puisqu'elle fit reconnaître son cadavre défiguré, dans la plaine Saint-Jean. Jean d'Aucy dit, p. 354 : « Ils le reconnurent premièrement « par les dents du dessus qu'il avait autrefois perdues d'une « chute. » Remy écrit, p. 133 : « Il lui manquait quelques « dents du dessus, lesquelles il avait perdues par l'incon- « vénient d'une chûte. » Benoît-Picard, dans son *Origine de la Maison de Lorraine...* (1704), dit : « Il lui manquait quelques dents à la mâchoire supérieure. » Enfin, Roland écrit, p. 332 : « Il fut reconnu au défaut de quelques dents « qu'il avait perdues en sa jeunesse, par une chûte de « cheval. » Mais aucune autre anomalie dans la dentition n'est signalée. Si le duc, par exemple, avait eu la mâchoire prognathe, conformation rare et qui se remarque à première vue sur le visage, ses familiers auraient reconnu son cadavre à cette anomalie, avant de songer aux dents absentes, et ils auraient transmis ce fait aux chroniqueurs.

Or justement, sur le crâne de 1550, la machoire est pro-gnathe et les témoins ne remarquent aucune absence notable de dents. Après avoir constaté une fracture du maxillaire, Toison d'or dit : « Ladite mandibule au surplus se démon- « trait et démontre fort entière et sans pourriture *et sont* « *en icelle présentement la plus grande partie des dents* « *bien entières, mêmement celles de devant*, qui dé- « montrent avoir par nature été mal ordonnées, sans cor- « respondance à celles du haut, ains les avoir excédées par « dehors. » Il est bien certain que si plusieurs dents du devant avaient manqué, les commissaires l'auraient remar-qué, comme ils ont remarqué le prognathisme.

Nous avons vu plus haut le prévôt de la Collégiale parlant de son grand âge (il était né un an après la mort du Témé-raire) et de sa longue résidence dans cette église, pour montrer qu'il devait bien connaître la sépulture du duc et nous avons vu aussi qu'il ignorait son emplacement et l'existence d'un caveau, puisqu'il avait fait fouiller d'abord à deux mètres des croix de Bourgogne et qu'il n'avait pas connaissance de la tombe de Rubempré, enterré auprès du duc. Ce qui est plus édifiant, c'est que le prévôt ne savait même pas (sans quoi il en eût informé Toison d'or) que les entrailles du Téméraire, renfermées dans une boîte en plomb, étaient dans son église, posées sur un support bien en vue, dans la chapelle de la Vierge, dite N.-D. de Bonne nouvelle, comme le rapporte Lionnois. Ces entrailles conservées à part prouvent que la tradition des auteurs qui parlent de l'embaumement et de la mise en plomb est exacte ; elles prouvent aussi l'incompétence de celui des conseillers lorrains qui, par sa situation, devait être le mieux renseigné. On sait que cette boîte en plomb fut transportée à la Chapelle ronde en 1743, quand Stanislas fit raser Saint-Georges, et qu'attachée au mur du caveau, elle eut le sort des ossemenis des ducs. (Lepage. *L'insigne église...*, p. XXVIII.)

En résumé, les restes transportés à Bruges sont peut être ceux du duc de Bièvre de Rubempré, mais ils ne peuvent être ceux de Charles de Bourgogne, 1° parce qu'ils n'étaient pas sous sa tombe, mais à deux mètres de là, malgré l'inscription : *Sous* ce marbre repose...; 2° parce qu'ils n'étaient pas dans un cercueil de plomb, malgré le témoignage des historiens ; 3° parce qu'au lieu d'être dans le caveau mentionné en 1717, ils étaient dans un pauvre cercueil de sapin, posé à même la terre sous le pavé, inhumation indigne de la magnificence des obsèques ; 4° parce que le crâne était intact, tandis que la tête du duc avait été fendue jusqu'aux dents ; 5° parce que la dentition incomplète du Téméraire, signalée sur son cadavre, était complète sur les maxillaires exhumés ; 6° parce que le prognathisme observé sur ces derniers n'avait jamais été remarqué ni sur le duc vivant, ni sur son corps en 1477.

Si l'on accepte ces conclusions, il en résulterait que les restes du Téméraire reposèrent en paix sous son effigie, à Nancy, jusqu'au 15 juin 1717, jour où l'on commença, sur l'ordre de Léopold, la démolition du chœur et du transept de la Collégiale Saint-Georges.

Mais le duc ordonna que tous les tombeaux soient transportés dans la nef de la Collégiale et que les ossements, relevés avec respect, soient inhumés de nouveau dans le sol de l'église. Voici les articles du mémoire précité de Joseph Duc qui ont rapport à ces translations : « 4° Avoir « enlevé plusieurs grosses tombes au nombre de huit et sur « des caveaux pour tirer les ossements, avoir fait d'autres « places pour mettre les mêmes os. 5° Avoir aussi enlevé « tout généralement les tombes qui étaient au devant du « chœur et tout le long de la croix de l'église et celles au « devant des stalles, les avoir roulées à la nef, et celles « cassées les avoir roulé hors de l'église. Après que toutes « lesdites tombes ont été enlevées, avoir remué toutes les « terres, de la profondeur de quatre ou cinq pieds et plus « en des endroits, avoir démêlé tous les ossements et corps « que l'on a trouvés, avoir fait des fosses exprès en plu-« sieurs endroits de ladite église pour les remettre tous ; « lesdites terres remuées faisant 65 toises cubes, à 2 livres « la toise, à cause de la puanteur, 130 livres. »

Il paraît certain que le tombeau du Téméraire fut démonté puis transporté plus bas, comme les autres. C'est peut être de lui dont il est question dans l'article 9 : « Plus : avoir « rechangé le tombeau *de marbre* d'où le Chin l'avait « placé, et l'avoir roulé *sous les Orgues*. » Le Chin est Nicolas le Chien, marbrier, dont la même layette des Archives contient le mémoire pour 31 jours employés à relever les tombeaux, mais sans aucun détail. On sait par son épitaphe, que le tombeau du duc était en marbre et son ancien emplacement était sous les Orgues. Celles-ci ayant été transportées au dessus de la grande porte d'entrée, le monument aurait donc été replacé à droite ou à gauche de cette porte.

Quand au corps inhumé dans le caveau, aucun document ne parle de sa translation, ni de la découverte du cercueil de plomb. Croyant que ces restes reposaient à Bruges depuis 167 ans, il est probable que les maçons n'ont même pas fouillé le caveau dans le sol duquel reposait le cercueil, car s'ils l'avaient retrouvé, ce fait qui démentait la translation de 1550 aurait paru assez extraordinaire pour être mentionné par les écrivains de l'époque. Il serait, du reste, encore possible de s'en assurer. En traçant sur le sol le contour de la Collégiale, à l'aide du plan publié par H. Lepage (mais dont nous n'avons pu retrouver l'original aux Archives), il serait facile de vérifier si l'emplacement du tombeau, adossé au mur nord du transept, tombe dans les caves des écuries de la Division ou dans la petite cour située entre ces écuries et le jardin du Musée. Dans le premier cas, les caves étant assez profondes, il est presque certain que la sépulture fut détruite quand on les creusa en 1743. Si au contraire l'emplacement de la tombe se trouve dans la cour, dont le sol ne fut jamais remué, mais seulement remblayé, il ne faudrait pas de grands travaux pour retrouver les fondations du transept et du caveau et savoir si le cercueil de plomb qui y fut inhumé en 1477 et qu'on n'a pas su retrouver en 1550, ne s'y trouve point encore.

Espérons du moins qu'on y pensera quand l'accroissement incessant du Musée et les dangers d'incendie que lui fait courir le voisinage de ces écuries amèneront leur suppression.

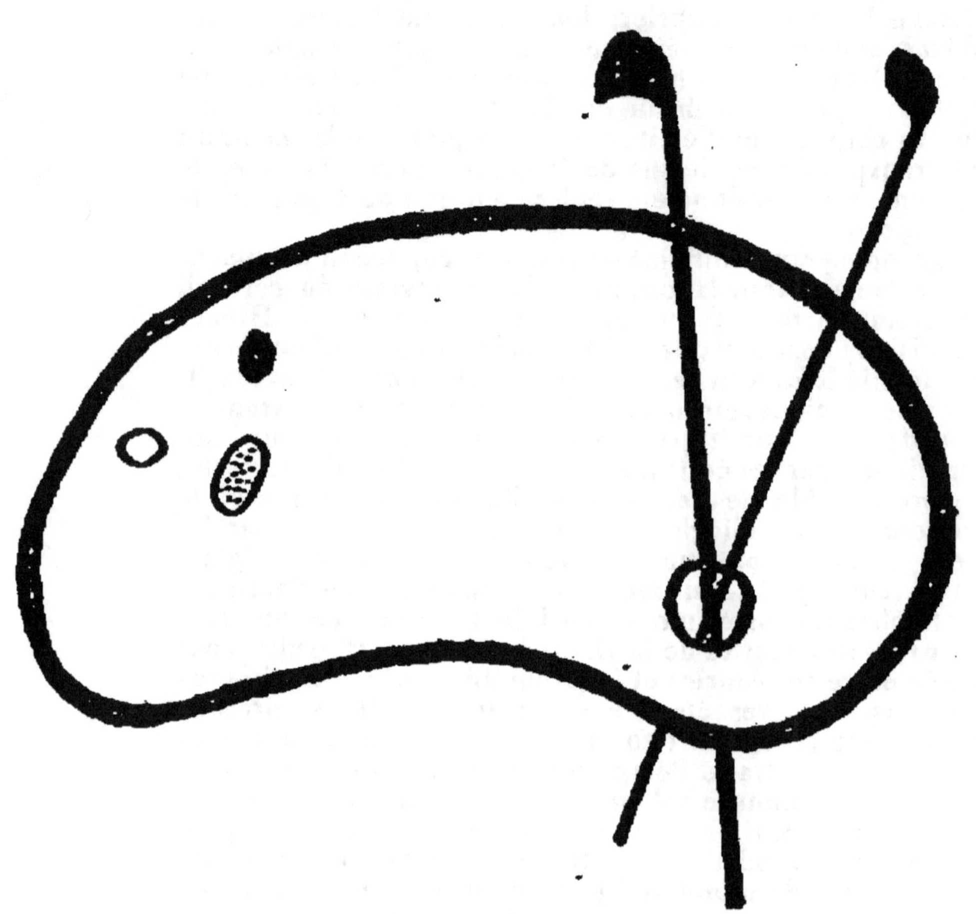

ORIGINAL EN COULEUR
NF Z 43-120-8